BEI GRIN MACHT SICH WISSEN BEZAHLT

- Wir veröffentlichen Ihre Hausarbeit, Bachelor- und Masterarbeit

- Ihr eigenes eBook und Buch - weltweit in allen wichtigen Shops

- Verdienen Sie an jedem Verkauf

Jetzt bei www.GRIN.com hochladen und kostenlos publizieren

Bibliografische Information der Deutschen Nationalbibliothek:

Die Deutsche Bibliothek verzeichnet diese Publikation in der Deutschen National-
bibliografie; detaillierte bibliografische Daten sind im Internet über http://dnb.d-
nb.de/ abrufbar.

Impressum:

Copyright © 2006 GRIN Verlag, Open Publishing GmbH
Druck und Bindung: Books on Demand GmbH, Norderstedt Germany
ISBN: 9783640856671

Dieses Buch bei GRIN:

http://www.grin.com/de/e-book/56170/business-intelligence-und-wissensmanage-
ment

Sebastian Gansemer

Business Intelligence und Wissensmanagement

GRIN Verlag

GRIN - Your knowledge has value

Der GRIN Verlag publiziert seit 1998 wissenschaftliche Arbeiten von Studenten, Hochschullehrern und anderen Akademikern als eBook und gedrucktes Buch. Die Verlagswebsite www.grin.com ist die ideale Plattform zur Veröffentlichung von Hausarbeiten, Abschlussarbeiten, wissenschaftlichen Aufsätzen, Dissertationen und Fachbüchern.

Besuchen Sie uns im Internet:

http://www.grin.com/

http://www.facebook.com/grincom

http://www.twitter.com/grin_com

Referat im Rahmen des Studienmoduls „**Integrierte Standardsysteme**"

Business Intelligence und Wissensmanagement

Fachhochschule Dortmund (University of Applied Sciences)
Fachbereich Wirtschaft

Angefertigt von:

Sebastian Gansemer

Abgabetermin: 11. Mai 2006

Inhaltsverzeichnis

Abbildungsverzeichnis

Tabellenverzeichnis

1. Einleitung

„Wissen ist Macht", das sagte schon vor mehr als 400 Jahren der englische Philosoph Francis Bacon.

Diese Erkenntnis wird heute immer wichtiger, denn um erfolgreich zu sein müssen Unternehmen wissen was sie wissen (Hönicke, 2001)

Es geht nicht nur darum Wissen in den Köpfen der Mitarbeiter im Unternehmen zu halten, sondern vielmehr auch darum dieses Wissen zu extrahieren und für andere Nutzbar zu machen.

In vielen Unternehmen ist ein erheblicher Datenbestand in Datenbanken, aber vor allem auch in Dokumenten etc. vorhanden. Damit diese Daten die Entscheidungsfindung im Unternehmen unterstützen können, sind Business Intelligence Systeme notwendig.

Diese Arbeit soll zeigen wie man dies mit dessen Hilfe erreichen werden kann.

2. Wissensmanagement

2.1. Definition

Eine einheitliche Definition für Wissensmanagement oder auch oft Knowledge Management genannt zu finden ist nicht einfach.

Abts & Mülder (2004, S.217) definieren Wissensmanagement als den gesamten Prozess zur systematischen Gewinnung, Strukturierung, Darstellung, Verteilung, Suche und Speicherung von Wissen.

Hendrichs (2002) beschreibt Wissensmanagement gar als kritischen Erfolgsfaktor für Unternehmen.

Bei einem ist man sich aber einig, die Wissensmanagementsysteme sind im Einteilungsschema für Anwendungssoftware bei den Querschnittssystemen einzuordnen.

2.2. Typisierung von Wissen

Zunächst muss zwischen explizitem und implizitem Wissen unterschieden werden.

Unter implizitem Wissen wird das Wissen verstanden, das sich in den Köpfen der Mitarbeiter befindet. Dies kann z.B. das Wissen über die Vorlieben der Kunden sein. Um möglichst viel des impliziten Wissens im Unternehmen zu halten ist es erforderlich die Mitarbeiterfluktuation zu minimieren oder mithilfe des Wissensmanagements das wissen für alle Mitarbeiter nutzbar zu machen.

Explizites Wissen hingegen ist jedem zugänglich. Dies kann z.B. in einem Dokument in einem Dokumenten Management System, oder der Inhalt einer Internetseite sein.

In Abbildung 2.1 findet sich dies noch einmal grafisch verdeutlicht.

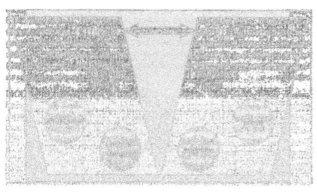

Abbildung 2.1: Abbildung 2.2: Arten von Wissen (Hannig 2002, S.16)

Eine Untersuchung von Xerox Inc. hat gezeigt, dass 42% als implizites Wissen vorhanden ist, während lediglich 12% in Datenbanken gespeichert ist (Abts & Mülder 2004, S.218).
Daraus ergibt sich ein großes Potential für das Wissensmanagement, denn es gilt das implizite Wissen in explizites Wissen zu überführen.

2.2.1. Zeichen, Daten, Informationen und Wissen

Man kann zwischen Zeichen, Daten, Informationen und Wissen unterscheiden.
Wie in Abbildung 2.3 anschaulich dargestellt, ist das Zeichen die kleinste Einheit auf der Wissenstreppe. Zeichen sind wertlos, solange die Syntax fehlt um das/die Zeichen zu interpretieren. Kommt die Syntax hinzu, handelt es sich um Daten. Um Daten sinnvoll nutzen zu können ist ein Zweckbezug notwendig, die Daten müssen also mit etwas aus der Realität in Verbindung gebracht werden um Informationen zu erhalten.
Erst wenn die Informationen dann noch Interpretiert werden haben wir es mit Wissen zu tun.

Abbildung 2.3: Wissenstreppe (Abts & Mülder 2004, S.9)

2.3. Phasen des Wissensmanagement

Das Wissensmanagement besteht nach Hendrichs (2002), wie in Abbildung 2.4 dargestellt, aus drei Phasen:

- der Wissenserfassung,
- der Wissensaufbereitung und
- der Wissensverteilung.

Die einzelnen Phasen werden im Folgenden detailliert dargestellt und erläutert.

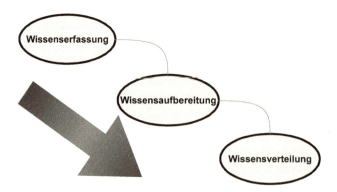

Abbildung 2.4: Phasen des Wissensmanagement (angelehnt an Hendrichs 2002)

2.3.1. Wissenserfassung

Die Hauptaufgabe der Wissenserfassung besteht darin, das verteilte Wissen der Einzelnen zusammenzutragen und für die Gemeinschaft nutzbar zu machen (Hendrichs, 2002, S.56).

Es geht also in der Wissenserfassung darum, sowohl das implizite, als auch das explizite Wissen zu erfassen.

Die Erfassung des expliziten Wissens ist von technischer Seite relativ einfach.

Da dieses Wissen in den meisten Fällen schon in digitaler Form in Datenbanken, Dokumenten, Internetseiten etc. vorliegt, kann dies mit verschiedenen Verfahren die später noch näher erläutert werden erfasst werden.

Diese Art der Erfassung ist schnell und kostengünstig zu erreichen, weshalb man sich in der Praxis darauf fokussiert (Hendrichs, 2002, S.56).

Die Erfassung des impliziten Wissens stellt ein wesendlich größeres Problem dar.

Es müssen Wege gefunden werden, wie das Wissen aus den Köpfen der Mitarbeiter extrahiert und in Datenbanken gespeichert werden kann. Da Mitarbeiter oft nicht bereit sind den „eigenen Wettbewerbsfaktor" Wissen abzugeben oder zu teilen müssen hier Anreize geschaffen sowie die Unternehmensstruktur angepasst werden (vgl. Hendrichs 2002, S.56).

Anfang der 90er Jahre wurde bei Xerox festgestellt, das sich die Service Techniker für Kopierer in den Pausen über Problemlösungen bei der Reparatur von Kopierern unterhielten (Gerhard & Seufert (ohne Jahr)). Dadurch wurde das implizite Wissen der Mitarbeiter untereinander weitergegeben. Wie kann auf diese Weise das Wissen auch für andere zugänglich gemacht werden? Unglücklicherweise kann die persönliche Kommunikation nicht, oder nur sehr schwer erfasst werden. Auch wenn die technischen Möglichkeiten dafür existieren (z.B. Mitschnitt von Telefongesprächen oder Aufnahme der Gespräche mit einem Mikrofon), so verstoßen solche Verfahren gegen geltende Rechte und würden von den Mitarbeitern sicher auch nicht akzeptiert, was zur Folge hätte das solche Kommunikation ausbleibt oder an nicht überwachten Orten durchgeführt wird.

Als gute Möglichkeit um implizites Wissen zu erfassen nennt Hendrichs (2002) ein Diskussionsforum.

Hier können die Mitarbeiter bei Fragen oder Problemen eine Frage im Diskussionsforum stellen und sie von Kollegen beantworten lassen. Ein Diskussionsforum wird jedoch nur dann effektiv genutzt werden können, wenn die gestellten Fragen auch zeitnah beantwortet werden und möglichst sich möglichst alle daran beteiligen.

Im Laufe der Zeit entsteht dann ein Wissenspool der über Suchfunktionen allen Mitarbeitern zur Verfügung steht. So können vor allem auf häufig auftretende Fragestellungen direkt Antworten gefunden werden.

Um ein gewisses Qualitätsniveau der Antworten zu gewährleisten sollten die gegebenen Antworten jedoch regelmäßig geprüft werden um eventuelle falsche Antworten zu korrigieren. Es sollte auch darauf geachtet werden, dass alle Beiträge bestimmten Vorgaben entsprechen. Nur so kann sichergestellt werden, dass das archivierte Wissen später auch effektiv wieder gefunden werden kann.

Hier ergeben sich natürlich auch einige Probleme. Zunächst müssen sich alle Mitarbeiter am Diskussionsforum beteiligen. Es muss sichergestellt sein, das dort gestellte Fragen zeitnah und qualitativ hochwertig beantwortet werden.

2.3.2.   Wissensaufbereitung

Die Wissensaufbereitung befasst sich mit der Strukturierung, Auswahl und Bewertung des internen Wissens, sowie der Erweiterung der Wissensbasis durch die Nutzung externer Informationsquellen (Hendrichs, 2002, S.58f).

Hierbei ist darauf zu achten, dass das erfasste Wissen möglichst so strukturiert wird, das es einfach und möglichst intuitiv gefunden werden kann.

Dazu sollte man sich bei der Aufbereitung berücksichtigt werden wie der Nutzer denkt und nach wie er intuitiv bei der Suche nach einer Antwort vorgehen würde.

Hendrichs (2002) schreibt, das Unternehmensberatungen für diesen Zweck Infocenter eingerichtet haben, die sich nur mit der Aufbereitung des gesammelten Wissens beschäftigen. Sie strukturieren, klassifizieren und indexieren das Wissen, damit es in elektronischer Form publiziert werden kann.

Am Beispiel des Diskussionsforums bedeutet dies, dass alle Beiträge in eine homogene Form gebracht werden müssen bzw. am besten von vorn herein so eingegeben werden.

Wichtig ist dabei vor allem ein aussagekräftiger Titel, eine Liste von Schlagwörtern (um die Suche zu vereinfachen), sowie eine kurze Beschreibung bei längeren Beiträgen um es den Nutzern zu ersparen ganze Beiträge zu lesen die sich dann als für das konkrete Problem als nicht Ziel führend erweisen.

2.3.3. Wissensverteilung

Wenn das Wissen des Unternehmens in Datenbanken gespeichert ist, ist es noch lange nicht nutzbar. Es muss den Mitarbeitern auch zur Verfügung gestellt werden.

Als zwingendes Erfordernis nennt Hendrichs (2002) eine ergonomische und an die Bedürfnisse der Mitarbeiter angepasste Benutzerschnittstelle. Bei der Entwicklung sollten die Mitarbeiter einbezogen werden, damit auch deren Bedürfnisse und Arbeitsgewohnheiten bestmöglich berücksichtigt werden können und somit später massive Zeitersparnisse erzielen können.

Die Benutzeroberfläche stellt eine einheitliche „Anlaufstelle" für die Nutzer dar, über die auf alle Wissensressourcen im Unternehmen zugegriffen werden kann.

Als in der Praxis am häufigsten genutzte Komponenten für Wissensmanagement Lösungen nennt Hendrichs (2002) folgende:

- Dokumentenmanagementsysteme
- Diskussionsforen
- Gruppenkalender (zur Koordinierung von Terminen, Meetings etc. in einem Team oder einer Abteilung
- Teamrooms (Projektbezogene, virtuelle Bereiche für jegliche Kommunikation und Verwaltung von Projektdaten)
- Push-Dienste (aktive Zustellung von vorher abbonierten Themen an Mitarbeiter)
- Suchfunktion (Suchfunktion über alle Datenbanken und Informationsquellen im Unternehmen)
- Workflowmanagement (Überwachung und Steuerung von Arbeitsabläufen)
- Enterprise Portals (Einheitliche Zugangsmöglichkeit auf verschiedene Ressourcen und Systemen innerhalb eines Intranets)

Es gibt also viele verschiedene Wege das Wissen im Unternehmen zu verteilen. Es ist sicherlich nicht erforderlich alle Komponenten einzusetzen, jedoch sollte vor allem eine gute Suchfunktion existieren die je nach Unternehmen und Anforderungen mit anderen Komponenten kombiniert werden sollte.

3. Business Intelligence

3.1. Definition

Nach der grundlegenden Definition von Business Intelligence (BI) als entscheidungsorientierte Sammlung, Aufbereitung und Darstellung geschäftsrelevanter Daten unterstützen BI-Lösungen im Entscheidungsfindungsprozess. Gegenstand ist immer die Information von Anwendern über Geschäftsprozesse, Marktgeschehen, Business Performance und andere entscheidungsrelevante Sachverhalte. Diese Informationen werden durch einen Datenaufbereitungsprozess gewonnen (Wincor Nixdorf).

In der Literatur ist keine eindeutige Definition zu finden. Eines ist jedoch einheitlich, bei Business Intelligence werden operative Daten aufbereitet und analysiert um das Management bei der Entscheidungsfindung zu unterstützen.

3.1.1. Abgrenzung BI und Wissensmanagement

Nicht selten wird Business Intelligence fälschlicherweise mit Wissensmanagement gleichgesetzt. Dies ist jedoch nicht ganz korrekt. Business Intelligence ist lediglich eine Teilmenge des Wissensmanagements.
Während sich das Wissensmanagement mehr auf das zusammentragen und das verwalten von verfügbarem Wissen konzentriert beschäftigt sich Business Intelligence mehr damit die vorhandenen Informationen zu analysieren und aufzuarbeiten.

3.2. Ziele von Business Intelligence Systemen

Ziel eines Business Intelligence Systems ist es im Unternehmen vorhandene operative, sowie externe Daten aus den verschiedensten Datenquellen zusammenzuführen und zu analysieren. Die Analyseergebnisse sollen als Unterstützung für Entscheidungen des Managements dienen.

Sebastian Gansemer

Man erhofft sich durch die Nutzung eines BI Systems einen Wettbewerbsvorteil zu seinen Konkurrenten, da man durch mehr und bessere Information über die eigenen Kunden etc. mehr darauf eingehen und danach handeln kann.

3.3. Aufbau von Business Intelligence Systemen

Wie bereits in der Definition beschrieben stellt Business Intelligence eine vertikale Integration dar. Abbildung 3.1 zeigt das das Konzept für Business Intelligence aus vier Ebenen besteht.

In der untersten, der operativen Ebene befinden sich die operativen Datenbestände, sowie eventuelle externe Datenbestände die unter Umständen auf viele verschiedene Datenbanken verteilt sein können. Diese werden im täglichen Geschäft ständig genutzt verändert und erweitert.

Beim Übergang in die nächst höhere Ebene werden die Daten mithilfe sog ETL Programmen (Extraktion, Transformation und Laden) in das Data Warehouse, bzw. die Data Marts geladen (Abts & Mülder 2004, S. 250). Das ETL Programm extrahiert die in den operativen Datenbanken befindlichen Daten und passt die Struktur so an, das alle Daten aus den unterschiedlichsten Quellen in einer einheitlichen Struktur im Data Warehouse oder dem Data Mart abgelegt werden. Wie dieser Prozess genau funktioniert wird in Kapitel 3.4.1 noch ausführlicher dargestellt.

In der dritten Ebene werden die sich im Data Warehouse befindlichen Daten mithilfe von verschiedenen Werkzeugen wie OLAP (Online Analytical Processing), Data Mining, Text Mining oder Web Mining analysiert. Wie diese Werkzeuge funktionierten wird Kapitel 3.5 bis 3.7 noch genauer erläutert.

Die oberste Ebene ermöglicht den Anwendern den Zugriff auf die analysierten Daten. Der gesamte Prozess kann als vertikale Integration verstanden werden.

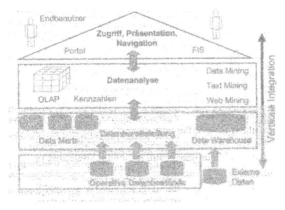

Abbildung 3.1: Konzept für Business Intelligence (Abts & Mülder 2004, S.251)

3.4. Data Warehouses

Ein Data Warehouse ist eine von den operativen Datenbanken getrennte Decision-Support Datenbank (Analyse-Datenbank), die primär zur Unterstützung des Entscheidungsprozesses im Unternehmen genutzt wird. Ein Data Warehouse wird immer multidimensional modelliert und dient zur langfristigen Speicherung von historischen, bereinigten, validierten, synthetisierten, operativen, internen und externen Datenbeständen (Schmidt-Thieme 2002).

Um eine multidimensionale Speicherung zu erreichen werden in der Regel Bestandsdaten von verschiedenen Zeitpunkten ins Data Warehouse geschrieben. So entsteht ein mehrdimensionales Abbild von den verschiedenen Bestandsdaten über die Zeit.

Die Daten die ins Data Warehouse geschrieben werden stammen in der Regel aus den operativen Datenbanken der Transaktionssysteme, sie können jedoch durch externe Daten wie z.B. aus dem Internet ergänzt werden.

In Transaktionssystemen werden viele Datenelemente geführt, wie z.B. Kontonummern oder Namen der Kontoinhaber bei Buchungssystemen, die für Analysen uninteressant sind (vgl. Voß & Gutenschwager 2001, S.256). Daher werden in Data Warehouses nur solche Daten gespeichert die für die spätere Analyse relevant sind.

Transaktionssysteme werden im Online-Betrieb verwendet und haben daher hohe Anforderungen an Verfügbarkeit und Zugriffsgeschwindigkeit. Im Gegensatz dazu ist die

Zugriffsgeschwindigkeit bei einem Data Warehouse nicht kritisch da diese vorwiegend von Analysesystemen verwendet werden, denn die Häufigkeit der Zugriffe ist dort eher gering, so dass längere Antwortzeiten vertretbar sind (vgl. Voß & Gutenschwager 2001, S.256).

In Tabelle 3.1 werden die Anforderungen an Transaktionssysteme und Analysesysteme gegenübergestellt.

Eigenschaft	Transaktionssysteme (operativ)	Analysesysteme (entscheidungsorientiert)
Anzahl zeitgleicher Benutzer	bis zu mehreren Tausend	zweistelliger Bereich
Antwortzeiten	Millisekunden	Sekunden bis Minuten
Zugriffsfrequenz	hoch	niedrig bis mittel
Datenvolumen pro Zugriff	niedrig	hoch
Änderung der Datenbestände	laufend	durch definierte Updates
Aktualität der Daten	absolut	durch Updates bestimmt
Datenstrukturierung	detailliert	verdichtet
Kritische Faktoren	Performance, Antwortzeitverhalten, Ausfallsicherheit	Datenbankgröße, strukturelle Änderungen, Datenqualität

Tabelle 3.1: Vergleich der Anforderungen an Transaktionssysteme und Analysesystemen (Voß & Gutenschwager 2001, S. 256)

Ein weiterer wesendlicher Unterschied ist, das sich bei einem Data Warehouse die Daten nur durch Updates ändern, und somit nicht zu jedem Zeitpunkt aktuell sind.

Bei einem Data Warehouse werden Daten aus verschiedenen Gründen bewusst redundant gehalten. Zum einen werden bei operativen Datenbanken die Daten öfter nach einer gewissen Zeit überschrieben oder gelöscht. Dies ist z.B. beim aktuellen Umsatz der Fall. Da aber auch solche Daten noch zur Analyse zur Verfügung stehen müssen ist es erforderlich, diese redundant über die Zeit in ein Data Warehouse zu schreiben (vgl. Voß & Gutenschwager 2001, S. 257). Ein weiterer Grund für redundante Datenhaltung ist es, das es aufgrund der u. U. sehr heterogenen Datenstruktur in den operativen Datenbanken schwierig oder gar unmöglich ist Analysen direkt aus diesen Datenbanken durchzuführen, da hier für einen einzige Analyse u. U. auf viele verschiedene Datenbanken zugegriffen werden muss sowie die Daten jedes Mal neu verdichtet werden müssen.

Ein Data Warehouse kann daher auch als Zwischenschicht zwischen den operativen Systemen und den Analysesystemen angesehen werden. Abbildung 3.2 zeigt dies noch einmal grafisch.

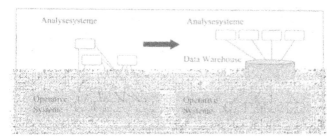

Abbildung 3.2: Strukturierung der Datenhaltung - der Übergang zu einem Data Warehouse (Voß & Gutenschwager 2001, S.258)

3.4.1. ETL-Prozess

Zur Übertragung der Daten von den operativen Datenbanken und externen Quellen werden so genannte ETL Programme verwendet. ETL steht für Extraktion, Transformation und Laden.

Bei der Extraktion der Daten werden die relevanten Daten von den Datenquellen ausgewählt und für den darauf folgenden Transformationsvorgang zu Verfügung gestellt (Messerschmidt & Schweinsberg 2003). Die Daten werden aus den operativen Datenbanken also ausgelesen.

Im zweiten Schritt des ETL Prozesses, der Transformation wird die Qualität des Datenbestands für die spätere Analyse wesendlich bestimmt.
Aus den unterschiedlichen Daten in den operativen Datenbanken wird ein einheitlicher Datenbestand erzeugt, indem die Felder aus den operativen Datenbanken in die Felder der Data Warehouse Datenbank nach festgelegten Regeln transformiert werden (vgl. Ponader). Da nur qualitativ hochwertige Daten bei der Analyse brauchbare Ergebnisse bringen sollte auch eine Prüfung der Datenqualität und Konsistenz erfolgen.

Im letzten Teil des ETL Prozess werden die transformierten Daten physisch in die Datenbank des Data Warehouse geschrieben.

Da in einem Data Warehouse die Daten über die Zeit gesammelt werden muss der ETL Prozess in regelmäßigen Abständen oder Ereignisbezogen wiederholt werden. Bei Verkaufsdaten z.B. macht es Sinn dies täglich oder gar stündlich zu aktualisieren, während es bei Kundendaten eher ereignisbezogen aktualisiert werden sollte, nämlich dann wenn auch neue Kundendaten in der operativen Datenbank eingetragen wurden.

3.4.2. Metadaten

Die Metadaten stellen einen wesendlichen Teil des Data Warehouse dar. Man kann sie als die Daten über die Daten beschreiben. Die Metadaten werden im so genannten Data Dictionary (auch Data Respository genannt) gespeichert.

Die Metadaten können Informationen über die Herkunft der Daten, die Zusammensetzung, die Verdichtungsstufe, aber auch Informationen über die Regeln für die Transformation aus den Quelldatenbeständen enthalten (vgl. Konetzny 2000).

Sie dienen dem Benutzer dazu die im Data Warehouse gespeicherten Daten besser interpretieren und verstehen zu können.

3.4.3. Anforderungen an Data Warehouses

Ein Data Warehouse hat Anforderungen die zum Teil erheblich von denen einer operativen Datenbank abweichen. Inmon (1996) nennt im wesendlichen die folgenden Merkmale, die ein Data Warehouse erfüllen sollte (vgl. auch Ponader):

- Daten, die für die Entscheidungsfindung im Unternehmen nicht notwendig sind, werden auch nicht im Data Warehouse gespeichert. Die Umsatzzahlen bestimmte Produktgruppen über die Zeit sind hierfür sehr interessant, die einzelnen Rechnungsdaten hingegen nicht (vgl. Voß & Gutenschwager 2001, S.258)

- Die Daten müssen in einem Data Warehouse unveränderbar sein. Einmal gespeicherte Daten dürfen also nicht mehr änderbar sein. Die wird durch nur-lese

Zugriff erreicht. Dies soll sicherstellen, dass Analyseergebnisse auch nach längerer Zeit noch reproduzierbar sind. Lediglich das hinzufügen neuer Daten ist erlaubt.

- Alle Daten werden über die Zeit erfasst. So wird z.B. der Umsatz zu verschiedenen Zeitpunkten erfasst und ermöglich so Trendanalysen um zukünftige Umsätze vorherzusagen.

- Jeder Datensatz der ins Data Warehouse geschrieben wird muss einen Bezug zur Zeit haben. Dazu werden die Datensätze in der Regel. mit einem Timestamp versehen (vgl. Voß & Gutenschwager 2001, S.259)

- Es sollten auch externe Daten hinzugefügt werden, sofern diese zur Entscheidungsfindung im Unternehmen beitragen. Die können z.B. allgemeine Wirtschaftsdaten, Wechselkurse, Rohstoffpreise aber auch Wetterdaten oder Preisdaten der Konkurrenz sein (vgl. Voß & Gutenschwager 2001, S.259).

3.4.4. Data Marts

Data Marts sind im wesendlichen dasselbe wie Data Warehouses. Der Unterschied besteht lediglich darin, dass ein Data Mart im kleineren Rahmen betrieben wird. Ein Data Mart bedient in der Regel nur eine Abteilung eines Unternehmens, während ein Data Warehouse für ein ganzes Unternehmen zur Verfügung steht.

Folglich ist auch der Datenbestand in einem Data Mart kleiner als in einem Data Warehouse. In ein Data Mart werden nur solche Daten vorgehalten, die für die entsprechende Abteilung auch relevant ist.

Data Marts haben den Vorteil, das der Datenbestand und die Datenstruktur auf die Abteilung bezogen relativ übersichtlich bleibt, was die Analyse der Daten erleichtert.

Im Gegensatz zu einem zentral gehaltenen Data Warehouse stehen Data Marts in den meisten Fällen direkt in den Abteilungen von wo auch die Analysen durchgeführt werden. Dies hat vor allem Vorteile bei der Zugriffsgeschwindigkeit (vgl. Voß & Gutenschwager 2001, S.264)

Data Marts haben jedoch auch nicht ganz unwesendliche Nachteile. Voß & Gutenschwager (2001, S.265) nennen hier insbesondere die folgenden:

- Datenredundanz und damit eventuell auftretende Inkonsistenzen zwischen den verschiedenen Data Marts.
- Verarbeitungsredundanz was unter Umständen zu einer Überlastung der operativen Datenbanken führen kann, da im Rahmen des ETL Prozess möglicherweise mehrfach auf die operativen Datenbestände zugegriffen werden muss.
- Verlust von Synergieeffekten da keine Data Mart übergreifenden Analysen möglich sind.

3.5. OLAP

Um in relationalen Datenbanken eine Abfrage durchzuführen, wird meist die Abfragesprache SQL verwendet. SQL stößt jedoch bei komplexen Abfragen schnell an Grenzen. Die Antwortzeiten werden lang und die SQL Befehle sehr kompliziert.

So wäre es z.B. mit SQL sehr schwierig oder gar unmöglich regionale Verkaufszahlen aus einem bestimmten Zeitraum mit denen eines anderen Zeitraums zu vergleichen.

Da aber im Business Intelligence gerade solche Fragen beantwortet werden müssen ist SQL hier weniger geeignet. OLAP, die Kurzform für Online Analytical Processing ist ein leistungsfähiges Analysetool welches genau für diese Anforderungen entwickelt und optimiert worden.

Beim Online Analytical Processing muss man zwischen vier verschiedenen Arten unterscheiden, den virtuellen OLAP, dem ROLAP, MOLAP sowie dem hybriden OLAP.

Beim virtuellen OLAP wird direkt oder ggf. über Middleware wie z.B. eine ETL Software auf die operativen Datenbanken zugegriffen.

ROLAP steht für Relationales Online Analytical Processing. Beim ROLAP werden die Daten des Data Warehouse in relationalen Datenbanken gespeichert und es werden multidimensionale Strukturen simuliert.

Beim hybriden OLAP handelt es sich um eine Kombination aus MOLAP und ROLAP. Auch hierauf soll in dieser Arbeit nicht weiter eingegangen werden.

Auf das virtuelle OLAP und ROLAP wird in dieser Arbeit nicht weiter eingegangen, dafür wird MOLAP ausgiebig erläutert. Beim hybriden OLAP handelt es sich um eine Kombination aus MOLAP und ROLAP. Auch hierauf soll in dieser Arbeit nicht weiter eingegangen werden.

MOLAP, oder Multidimensionales Online Analytical Processing basiert auf einem multidimensionalen Datenwürfel welcher auch oft Hypercube genannt wird.

An die Stelle mehrerer Tabellen in einer relationalen Datenbank treten in OLAP Systemen multidimensionale Datenwürfel wie in Abbildung 3.3 dargestellt.

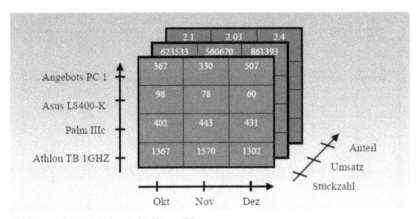

Abbildung 3.3: OLAP Datenwürfel (Hörner S.5)

In den zwei identifizierenden Dimensionen finden sich die Produkte sowie die Zeit. Stückzahl, Umsatz und Anteil sind Mitglieder der Variablendimension (Hörner, S.5).
Der wesendliche Vorteil gegenüber SQL Abfragen in relationalen Datenbanken besteht darin, dass die einzelnen Zellen im Datenwürfel direkt angesprochen werden können. Dies könnte z.B. der Umsatz des Palm IIIc im November sein. Um eine solche Auswertung mittels einer SQL Abfrage zu erstellen wäre der SQL Befehl „SELECT Wert FROM Umsatz WHERE Produkt = Palm IIIc AND Monat = November" denkbar.

Im OLAP System könnte eine solche Abfrage mit dem Befehl „Wert = DBRead (Umsatz, Palm IIIc, November)" (vgl. Voß & Gutenschwager 2001, S.267f)[1].

Hier wird schnell deutlich wie groß die Vereinfachung des OLAP Systems gegenüber einer SQL Abfrage ist. Bei komplexeren Fragestellungen, wie Mittelwert- oder Summenbildungen würde die Differenz noch erheblich größer.

Der Datenwürfel könnte jederzeit z.B. um ein weiteres Produkt erweitert werden. Dazu müsste lediglich ein weiteres Attribut auf der Produktachse angelegt werden.

Sollen die Daten jedoch nach unterschiedlichen Filialen aufgegliedert werden ist es unausweichlich eine weitere Dimension anzulegen, es würde also ein vier-dimensionaler Datenwürfel entstehen. In diesem Fall ist die Würfeldarstellung nicht mehr möglich.

Um auch Datenwürfel mit vier oder mehr Dimensionen abbilden zu können nutzt man multidimensionale Domain Strukturen (MDS) (vgl. Hörner, S.7) welche in Abbildung 3.4 dargestellt sind.

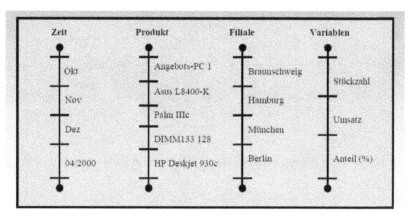

Abbildung 3.4: Multidimensionale Domain Strukturen (MDS) (Hörner, S.7)

Hier bildet jede Kombination aus Zeit, Produkt, Filiale und Variablen eine Zelle im Datenwürfel. Auf diese weise können selbstverständlich auch Datenwürfel mit beliebig vielen Dimensionen in relativ einfacher Form dargestellt werden.

---

[1] In einer realen Datenbank würden Produktnamen und Monate mit eindeutigen Primärschlüsseln wie z.B. P1, P2... gekennzeichnet, da es u. U. mehrere verschiedene Modelle des Palm IIIc geben kann.. Zur Vereinfachung wurden hier die Produktnamen und Monate direkt verwendet.

Wenn Abbildung 3.3 um ein Attribut „Alle Produkte" erweitert würde, hätten wir eine hierarchische Einteilung über die Dimension Produkt. Dies würde dann wie in Abbildung 3.5 gezeigt aussehen.

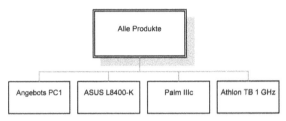

Abbildung 3.5: Organigramm - Hierarchie über die Dimension Produkt

Es konnten auch noch weitere Hierarchie-Ebenen wie z.B. eine Aufteilung in mobile Geräte und Desktop PCs durchgeführt werden. Die würde dann wie in Abbildung 3.6 aussehen.

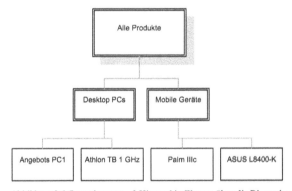

Abbildung 3.6:Organigramm - 3 Hierarchie-Ebenen über die Dimension Produkt

Um dies im Datenwürfel zu verdeutlichen würden wiederum zwei weitere Attribute, nämlich Desktop PCs und Mobile Geräte auf der Produktachse hinzugefügt werden.

Beim OLAP stehen verschiedene Analysefunktionen zur Verfügung. Diese sind im Einzelnen (vgl. Kraus 2004):

- Drill down
- Drill up

Sebastian Gansemer   19

- Roll up
- Slice & Dice
- Exceptions
- ABC-Analysen
- Ranglisten

Im Folgenden sollen die einzelnen Funktionen etwas näher betrachtet werden.

3.5.1. Drill down & Drill up & Roll up

Beim "Drill down" taucht man in einen tiefere, detailreichere Hierarchieebene ab. Es werden also in unserem Beispiel anstatt der kumulierten Daten für die Produktgruppe Mobile Geräte die einzelnen Produkte, also Palm IIIc und Asus L8400-K mit z.B. den entsprechenden Umsätze oder Stückzahlen angezeigt.

„Drill up" und „Roll up" können synonym als Gegenteil vom „Drill down" verstanden werden. Dies wird in Abbildung 3.7 noch einmal grafisch verdeutlicht.

Stückzahl			
	Okt	Nov	Dez
Mobile Geräte	500	521	491
Desktop PCs	1734	1900	1809

 Drill-down   Drill-up
Roll-up

Stückzahl			
	Okt	Nov	Dez
Mobile Geräte	500	521	491
Palm IIIc	402	443	431
Asus L8400-K	98	78	60
Desktop PCs	1734	1900	1809

Abbildung 3.7: Darstellung Drill-down & Drill-up

3.5.2. Slice & Dice

„Slicing", was auf Deutsch soviel heißt wie „in Scheiben schneiden" wird benutzt, wenn man Daten aus einem Datenwürfel in einer Tabelle anzeigen möchte. Dazu werden die Daten auf eine Ebene projiziert; diese Projektion (als Auswahl) nennt man „Slicing" (Voß & Gutenschwager 2001, S.270). Dies kann man sich so vorstellen, als wenn man einfach eine Scheibe aus dem Würfel heraus schneidet.

Dieser Vorgang wird in den beiden unteren sowie den Würfel links oben im rechten Teil von Abbildung 3.8 verdeutlicht.

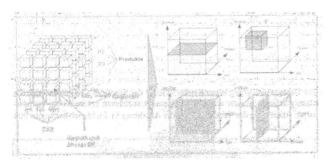

Abbildung 3.8: Beispiel zum Slicing & Dicing (Hannig 2002, S.11)

„Dicing" bedeutet auf Deutsch „in Würfel schneiden". Bei dieser Funktion wird lediglich ein kleinerer Würfel aus verschiedenen Perspektiven betrachtet. Im kleineren Würfel werden nur die Attribute einer Dimension betrachtet die für die Fragestellung auch interessant sind, alle anderen werden ausgeblendet (Voß & Gutenschwager 2001, S.270).

Man könnte dies (bei benachbarten Attributen) auch als einfaches herausschneiden eines kleinen Würfels aus dem großen bezeichnen. In Abbildung 3.8 findet sich dieser Vorgang im rechten oberen Würfel wieder.

3.5.3. Exceptions

Mit der Funktion „Exceptions" können Grenzwerte und Regeln definiert werden, die auf einer höheren Ebene hinweisen, dass der hier gezeigte Wert auch von "Ausreißern" bestimmt wurde. So kann z.B. beim Betrachten von Vertriebszentren schnell erkannt werden, dass ein Vertriebszentrum nur deshalb im aktuellen Monat etwas schlechter ausfällt weil ein bestimmter Großkunde diesmal ausfällt (Kraus 2004). Damit sollen Ausreißer für Analysen wahlweise ausgeschlossen werden, da diese aufgrund von Sondereffekten entstanden sein können und somit die Analyseergebnisse verfälschen würden.

3.5.4. ABC Analysen

Die Funktion ABC-Analyse funktioniert genauso wie die klassische ABC Analyse in der BWL. Die Kunden werden in Gruppen mit nach dem Ertragsanteil aufgeteilt. So entstehen drei Gruppen, die sehr wichtigen A Kunden, die wichtigen B Kunden und die weniger wichtigen C Kunden.

3.5.5. Ranglisten

Mit der Funktion „Rangliste" können, wie der Name schon sagt Ranglisten erstellt werden. Die ist beispielsweise im Einzelhandel für Umsätze nach Stunden des Tages oder Wochentagen eine sinnvolle Anwendung.

3.6. Reporting & Adhoc Abfragen

Im Reporting Werkzeug sind fest formulierte Fragestellungen hinterlegt an das Data Warehouse hinterlegt. Diese werden für häufig benötigte Standardberichte oder Standardlisten benutzt. Es können auch Adhoc (spontan) Abfragen gebildet werden die sich allerdings auch an eine fest formulierte Fragstellung halten müssen (vgl. Kraus 2004).

3.7. Data Mining

Data Mining ist eine neue Abfragetechnik, die es dem Anwender ermöglicht, auf Basis von großen Datenbanksystemen wie z.b. Data Warehouses, versteckte Informationen, Trends, Muster, Zusammenhänge und Vorhersagen abzuleiten. Data Mining Werkzeuge sind darauf spezialisiert, noch unbekannte Zusammenhänge innerhalb von Unternehmensdaten zu finden (ILTIS GmbH 2006).

So kann z.b. im Rahmen einer Warenkorbanalyse aufgedeckt werden, dass Kunden die Produkt A kaufen auch häufig Produkt B kaufen.

Auch kann das zukünftige Kaufverhalten eines Kunden vorhergesagt werden und durch gezielte Marketingaktionen gelenkt werden. Man könnte sagen, das man Data Mining Werkzeuge dann anwendet, wenn man nicht genau weiß wonach man sucht.

Text Mining und Web Mining funktionieren in wesendlichen genauso, jedoch werden beim Text Mining in Textdokumenten und beim Web Mining im Internet oder Intranet nach bisher unbekannten Zusammenhängen gesucht.

4. Business Intelligence in der Praxis

4.1. SAP® Business Information Warehouse (BW)

Das SAP Business Information Warehouse® (kurz BW) ist ein vollständiges Business Intelligence Produkt was rund um ein Data Warehouse gebaut ist und für das R/3 System optimiert aber nicht darauf beschränkt ist (Techtarget 2002).

Das SAP Business Information Warehouse® ist im Netweaver® integriert und nutzt analytische Funktionen auf Basis einer relationalen Datenbank (vgl. CIO Magazin 2006). Bei den integrierten OLAP Funktionen handelt es sich also um Relationales Online Analytical Processing. Das Data Warehouse nennt die SAP AG Infocube® Datenbank.

Wenn im Unternehmen bereits andere SAP® Module im Einsatz sind, hat die Benutzung des SAP BW® erhebliche Vorteile gegenüber anderen Business Intelligence Produkten. Durch bereits vorprogrammierten Business Content, welcher nur noch frei geschaltet werden muss werden die Daten aus den bereits vorhandene operativen Datenbanken direkt, und ohne ein ETL Werkzeug ins Data Warehouse übernommen (vgl. Triemer 2003, S.89).

Hier kommen die Vorteile der Integration voll zur Geltung. Durch die einheitliche (und vor allem bereits hinterlegte) Datenstruktur von operativer Datenbank und Data Warehouse ist kein u. U. langwieriger Anpassungsprozeß notwendig. Sollen auch Daten aus anderen Datenbanken übernommen werden, so müssen diese mithilfe von ETL Prozessen importiert werden (vgl. Triemer 2003, S.89).

Die Datenanalyse erfolgt mithilfe des Business Explorers (BEx), welcher wie in Abbildung 4.1 dargestellt aus dem BEx Analyzer, der BEx Query Definition sowie dem BEx Browser besteht.

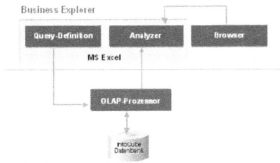

Abbildung 4.1: Business Explorer (Triemer 2003, S.87)

Mit dem BEx Analyzer bekommt der Nutzer ein Add-in für Excel. Damit können Analysen durchgeführt und Berichte abgerufen werden. Bei weitergehenden Nutzungsrechten können mithilfe der BEx Query Definition neue Anfragen erstellt oder vorhandene verändert werden. Mit dem BEx Explorer können Dokumente wie angefertigte Berichte, Links zu Internetseiten oder Programmen verwaltet werden. Die Nutzer können darauf über das Internet zugreifen (vgl. Triemer 2003, S.88f).

Es können zur Analyse auch andere Analysewerkzeuge benutzt werden. Das SAP® BW stellt dann nur das Data Warehouse dar.

4.2. Marktüberblick

Auf dem Business Intelligence Markt tummeln sich eine Vielzahl von Anbietern. Es gibt jedoch eine Reihe von Anbietern die einen gewissen Marktanteil haben und somit zu den wichtigeren gezählt werden.

Bei einer im Jahr 2004 durchgeführten Befragung der Fachhochschule Köln (Hillringhaus & Kedzierski 2004) haben 29,9% der 144 Befragten Unternehmen geantwortet, das sie eine BI Lösung der „SAP AG" einsetzen. An zweiter Stelle wurde mit 13,9% der Anbieter „Hyperion Solutions" und an dritter Stelle mit jeweils 9% die Anbieter „Cognos" und „arcplan Information Services" genannt.

Weitere Anbieter die genannt wurde sind Microsoft, Corporate Planning AG, MIS AG, MIK AG, SAS Institute, Hummingbird BI GmbH, Micro Strategy sowie einige andere Anbieter.

Unter den Produkten der SAP AG ist das SAP BW® mit 48,2% der Nennungen Spitzenreiter.

Was die einzelnen Anbieter mit ihren Produkten zu bieten haben würde den Rahmen dieser Arbeit sprengen. Bei tiefer gehendem Interesse sollte der interessierte Leser sich selbst bei den entsprechenden Firmen informieren.

4.3. Nutzung von Business Intelligence in der Praxis

Bei der Befragung der Fachhochschule Köln (Hillringhaus & Kedzierski 2004) wurde auch danach gefragt, in welchen Unternehmensbereichen Business Intelligence Lösungen eingesetzt werden. Hier wurde ermittelt das 94,8% der Teilnehmer Business Intelligence im Controlling einsetzen. Zu den weiteren Top Antworten gehörten Finanzen, Vertrieb sowie Einkauf/Beschaffung.

Als Anwendungsfelder wurden vor allem Reporting, Analyse und Controlling genannt.

Als Hauptziele für BI wurden bessere Informationsversorgung, besser Unternehmenssteuerung und Entscheidungsunterstützung genannt.

Aus Abbildung 4.2 geht hervor dass den drei Top Zielen überwiegend ein „hoher" oder „ eher hoher" Nutzen zugesprochen wurde.

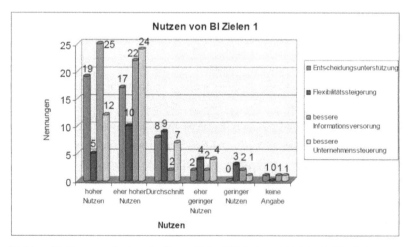

Abbildung 4.2: Nutzen von Business Intelligence Zielen (Hillringhaus & Kedzierski 2004, S.39)

4.4. Kosten eines BI Systems

Nachdem wir den Nutzen von Business Intelligence Systemen kurz betrachtet haben sollen nun die Kosten für die Einführung betrachtet werden.

Die Implementierung ist bei BI Projekten fünf- bis zehnmal teurer als die Software selbst. (CIO Magazin 2004)

Zu den Gesamtkosten eines BI Projekts finden sich auch in der Studie der FH Köln (Hillringhaus & Kedzierski 2004) Antworten.

Die in Abbildung 4.3 genannten Beträge beziehen sich auf die Kosten für die Einführung inkl. Software, Hardware etc., jedoch nicht auf die laufenden Kosten.

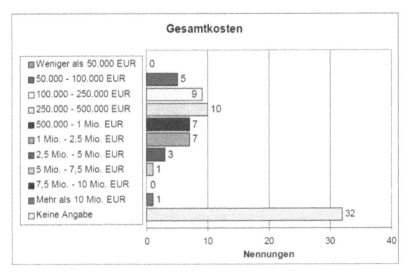

Abbildung 4.3: Kosten von Business Intelligence (Hillringhaus & Kedzierski 2004, S.43)

Auffallend ist, dass die Nennungen sehr unterschiedlich sind. Die meisten Nennungen finden sich im Bereich von 250 000 EUR bis 500 000 EUR. An zweiter Stelle liegt der Bereich zwischen 100 000 EUR und 250 000 EUR.

Die relativ große Streuung kann möglicherweise auf eine unterschiedliche Projektgröße zurückgeführt werden, da hiernach in der Studie nicht differenziert wurde. Insgesamt lässt sich aber sagen das ein Unternehmen mit Budgets von bis zu 500 000 EUR ein durchschnittliches BI Projekt durchführen können, dies sollte jedoch immer von erfahrenen Personen geplant und durchgeführt werden.

5. Ausblick

5.1. Entwicklungen am BI Markt

Mit dem immer stärker aufkommenden Wunsch nach schnellem und flexiblerem Handeln, wird es immer wichtiger auf möglichst aktuelle Datenbestände zugreifen zu können. Daher wird es in Zukunft immer mehr in die Richtung gehen Daten sofort nach der Erzeugung im operativen System ins Data Warehouse zu übernehmen (vgl. CIO Magazin 2006).

Um dieser Entwicklung stand zu halten werden die Leistungsanforderungen an vorhandene IT Systeme (hier insbesondere die operativen Datenbanken) immer größer, da immer häufiger Zugriffe erfolgen müssen.

Diesem Trend dürfte sich jedoch durch die immer weiter fortschreitende Entwicklung der Technik standgehalten werden, jedoch erfordert er auch Investitionen der Unternehmen.

Um die Kosten bei BI Systemen im Griff zu halten und das ausgegebene Geld effektiv einzusetzen geht der Trend auch immer mehr in Richtung Outsourcing. Aufgrund notwendiger enger Zusammenarbeit zwischen Unternehmen und Outsourcer sind Offshoring Lösungen hier jedoch kaum angebracht, da die Kommunikation durch die u. U. große Entfernungen oder Zeitverschiebungen erschwert werden. Dennoch hat sich Osteuropa hier etabliert, da die Kommunikationshemmnisse dort aufgrund der geringen Entfernung weniger ausgeprägt sind.

Kritisch anzumerken ist bei dieser Entwicklung auch, das zum Teil sensible Daten an das Outsourcing Unternehmen gelangen, was eine hohes Vertrauen voraus setzt (CIO Magazin 2004a).

Da in den Unternehmen noch 80 Prozent aller Daten im Unternehmen in unstrukturierter Form, also als Text, Bild oder Tondateien vorliegen liegt hier noch großes Potential auch diese Daten vollständig zu erfassen und nutzbar zu machen um die Entscheidungsträger zu unterstützen (CIO Magazin 2006).

5.2. Fazit

Aufgrund einer immer weiter steigenden Wettbewerbdrucks vor allem aus dem Ausland ist es für alle Unternehmen erforderlich einen Wettbewerbsvorteil zu den Konkurrenten zu haben.

Da in Deutschland (und vielen anderen Industriestaaten auch) im Verhältnis zu Schwellenländern sehr hohe Produktionskosten haben ist es erforderlich den Vorsprung im Bereich der Information zu erlangen. Um frühzeitig Entwicklungen zu erkennen und Entscheidungen zu unterstützen ist es unumgänglich auf Business Intelligence zu setzen.

Dennoch ist die Entwicklung am BI Markt sicherlich noch in den Kinderschuhen. Daher steckt auch noch viel Potential in Business Intelligence Produkten, gerade im Bezug auf neue Funktionen.

Über eines sollte man sich jedoch immer im Klaren sein. Die Analysen die mithilfe von Business Intelligence Produkten erstellt werden basieren immer auf Daten aus der Vergangenheit. Ob daraus korrekte Schlüsse auf die Zukunft abgeleitet werden können ist und bleibt ungewiss – genau wie die Zukunft selbst.

Literaturverzeichnis

Abts, M & Mülder, W 2004, Grundkurs Wirtschaftsinformatik, 5. Auflage, Vieweg & Sohn, Wiesbaden

CIO Magazin 2004, Auf die Kosten schauen – aber richtig, angesehen 08.05.2006, <http://www.cio.de/index.cfm?pid=214&pk=802477&p=1>.

CIO Magazin 2004a, Firmen entdecken Business Intelligence für das Outsourcing, angesehen 08.05.2006, <http://www.cio.de/news/803130/index2.html>.

CIO Magazin 2006, BI-Schätze heben, angesehen 08.05.2006, <http://www.cio.de/markt/uebersichten/821741/index.html>.

Gerhard, J & Seufert, S (ohne Jahr), Wie gibt man implizites Wissen weiter: ‚Communities of Practice' bei der Xerox Group, angesehen 23.04.2006, <http://www.scil.ch/seufert/docs/xeroxcase-weitergabe-implizites-wissen.pdf>.

Hannig, U 2002, in Hannig, U (Hrsg.), Knowledge Management und Business Intelligence, Springer Verlag Berlin Heidelberg.

Hendrichs, M 2002, in Hannig, U (Hrsg.), Knowledge Management und Business Intelligence, Springer Verlag Berlin Heidelberg.

Hillringhaus, C & Kedzierski P 2004, Lohnt sich Business Intelligence – BI, angesehen 08.05.2005, <http://www.ifem.org/untersuchungen/BI/lohnt_sich_bi.pdf>.

Hönicke, I 2001, Nur geteiltes Wissen ist Macht, angesehen 16.04.2006, <http://www.computerwoche.de/index.cfm?pid=707&pk=526407>.

Hörner, U kein Datum, Online Analytical Processing (OLAP) – Mit multidimensionaler Datenanalyse zur optimalen Entscheidung, angesehen 02.05.2006, <http://www2.in.tu-clausthal.de/~hoerner/hs_datenbanken/VortragSchlange.pdf>.

ILTIS GmbH 2006, Data Mining – Trends, Muster und Zusammenhänge erkennen, angesehen 07.05.2006, <http://www.4managers.de/01-Themen/..%5C10-Inhalte%5Casp%5CDataMining.asp?hm=1&um=D>.

Inmon, W.H. 1996, Building the Data Warehouse, 2. Aufl, Wiley, New York

Konetzny, M 2000, Data Warehouse, angesehen 06.05.2006, <http://www.mkonetzny.de/aufsatz/dataw.htm>.

Kraus, C 2004, IT Knowledge Base – Data Warehouse – OLAP, angesehen 06.05.2006, <http://www.clemens-kraus.de/tech/datawarehouse/datawarehouse-44.htm>.

Messerschmidt, H & Schweinsberg, K 2003, OLAP mit dem SQL-Server. Eine Einführung in Theorie und Praxis, Dpunkt Verlag, Heidelberg.

Ponader, M kein Datum, IT-Kompaktkurs - Data Warehouse - Datenbank-Skript zur Folge 14, angesehen 23.04.2006, <www.bw.fh-deggendorf.de/kurse/db/skripten/skript14.doc>.

Schmidt-Thieme, L 2002, E-Business – Datenbanken / Data Warehousing, angesehen 23.04.2006, <http://www.informatik.uni-freiburg.de/cgnm/lehre/eb-03s/eb9.pdf>.

Techtarget 2002, Business Information Warehouse, angesehen 07.05.2006, <http://searchsap.techtarget.com/gDefinition/0,294236,sid21_gci822844,00.html>.

Triemer, S 2003, Das SAP Business Information Warehouse am Universitätsklinikum Leipzig im Vergleich zu anderen branchenspezifischen Data Warehouse Lösungen, angesehen 07.05.2006, <http://www.imise.uni-leipzig.de/Archiv/2003/02/28/DA-SvenTriemer.pdf>.

Wincor Nixdorf, Business Intelligence - Daten zu Informationen und Informationen zu Wissen aufbereiten, kein Datum, angesehen 22.04.2006, <http://www.wincor-nixdorf.com/internet/de/Products/Software/Banking/BusinessIntelligence/Main.html>.

Voß, S & Gutenschwager, K 2001, Informationsmanagement, Springer Verlag Berlin Heidelberg New York.